W0364450

HARIBO

Das fröhliche Backbuch

Ideen zum Backen, Basteln und Feiern

VORWORT

Liebe HARIBO-Fans,

seid ihr bereit für süße Backideen und kunterbunte Bastelideen für jeden Anlass? Dann seid ihr bei „DAS FRÖHLICHE BACKBUCH" von HARIBO genau richtig! Gründe zu feiern gibt es mit HARIBO hundertfach – und ganz besonders im Jahr 2020. Denn meine HARIBO-Familie wird 100 Jahre jung!

Mit nur einem Sack Zucker und einem Kupferkessel ausgestattet, hat mein raffinierter Vater Hans Riegel Senior bereits 1920 zum ersten Mal für Freude bei Jung und Alt gesorgt. HARIBO gibt es also schon seit einem Jahrhundert. Jippie!

In den letzten 100 Jahren HARIBO wurden unzählige Millionen meiner kleinen Goldbären-Brüder zum Leben erweckt. Und nach und nach kamen noch viele weitere süße und saure Familienmitglieder dazu: Süße Mäuse, Lakritz Schnecken, Konfekt, Pasta Basta, Pico-Balla oder meine geliebten Berries. Wow, wir sind wirklich die beste Familie, die ich mir vorstellen kann! Das muss kräftig gefeiert werden.
Bist du dabei?

Egal, ob ihr euren 100., 50. oder 15. Geburtstag feiert, einen rosaroten Valentinstag oder eine gruselige Halloween-Party: Mit dem fröhlichen Backbuch feiern HARIBO und ich das ganze Jahr gemeinsam mit euch die kleinen und großen Momente der Freude. Meine lustigen Back- und Bastelspaßideen helfen euch, zu jedem Anlass eine fröhlich-bunte Party zu schmeißen.

In über 40 kreativen Rezepten und Anleitungen nehme ich euch mit in die große bunte HARIBO-Welt und zeige euch, was ihr mit unseren Naschereien so alles anstellen könnt – im Frühling, Sommer, Herbst und Winter. Von der Goldbären-Torte bis zum Konfekt-Monster-Cupcake: Für jeden Naschgeschmack ist etwas dabei. Und das Beste daran? Alles ist kinderleicht nachzumachen.

Ich wünsche euch einen Bärenspaß beim Feiern!

Süße Grüße

EUER GOLDBÄR

INHALT

HALLO FRÜHLING 6

Quaxi-Frosch-Origami 8
Süße-Mäuse-Cheesecake 11
HARIBO-Valentinsherz 14
Gute-Laune-Sticks 16
DIY-Ostergeschenkgläser 18
Lustige Oster-Cupcakes 20
Pfirsich-Butterkekskuchen 22
Überraschungs-Bomben 24
Pico-Balla-Torte 26
Frühling im Glas 28

SOMMER, SONNE, SONNENSCHEIN 30

Phantasia-Cupcakes 32
Dreierlei fruchtige Lassi 34
Cola-Brownie-Pops 36
Coole Kicker-Torte 38
Fußball- & Pico-Balla-Kekse 40
Bunte Geo-Schachteln 42
HARIBO-Cake-Pops 44
Pfirsich-Joghurteis am Stiel 46
Goldbären-Torte 48
Fruchtig gefüllte Ananas 50

BUNTE HERBSTTAGE 52

Power-Einschulungs-Muffins 54
Schultüten-Torte 56
Marmor-Monster-Muffins 58
Papprollen-Fledermaus 60
Lakritz-Blueberry-Cheesecake 62
Geister-Spieße mit Chamallows 64
Saftiger Kürbiskuchen 66

WINTERZAUBER 68

HARIBO-Weihnachtsschokolade 70
3D-Sterne und -Goldbären 72
HARIBO-Lebkuchenhaus 75
Nikolaus-Stiefel 78
Spekulatius-Cheesecake 80
Geschenke- und Deko-DIY 82
Schokokeks-Sticks 84
Rentier- und Lichterketten-Kekse 86
HARIBO-Engelsaugen 88
Saure und süße Tannenbäume 90

VORLAGEN 92

HALLO FRÜHLING

TIPP

„Express"-Geldgeschenk gesucht? Verschenke die „Kröten" doch mit ein paar HARIBO Quaxi Fröschen zum Naschen. Einfach die Quaxi Frösche in ein schönes Einmachglas geben und mit einem kleinen Etikett versehen. Das Geschenk kommt immer gut an!

QUAXI-FROSCH-ORIGAMI

SO EINFACH GEHT'S

DU BENÖTIGST:

- Einmachglas
- grünes, quadratisches Bastelpapier
- Wackelaugen
- **HARIBO Quaxi**

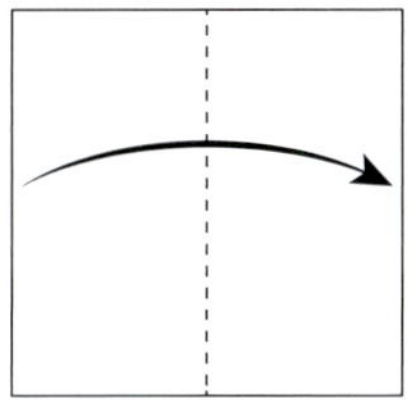

1. Falte das Blatt mittig zusammen (linke Kante auf rechte Kante).

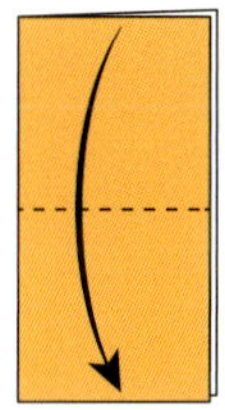

2. Falte die Oberkante auf die Unterkante.

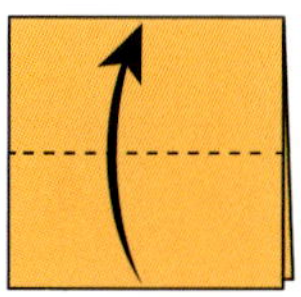

3. Falte die vordere der beiden Unterkanten auf die Oberkante.

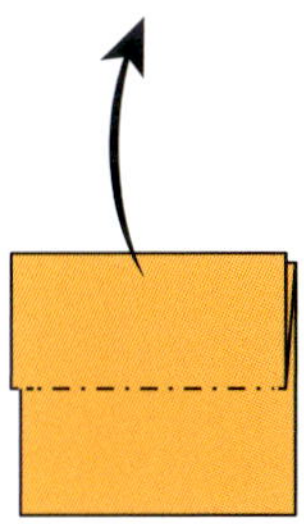

4. Ziehe die vordere Oberkante nach oben, um die in Schritt 2 und 3 gemachten Faltungen wieder zu öffnen.

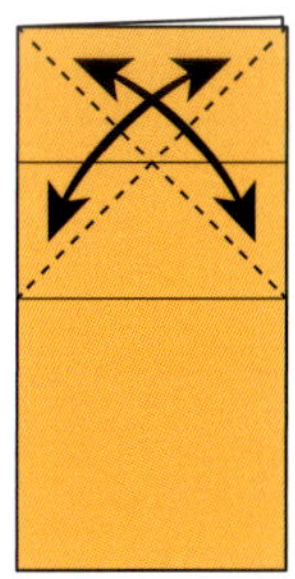

5. Falte die Oberkante diagonal auf die linke Kante und wieder zurück und danach noch einmal diagonal auf die rechte Kante und wieder zurück.

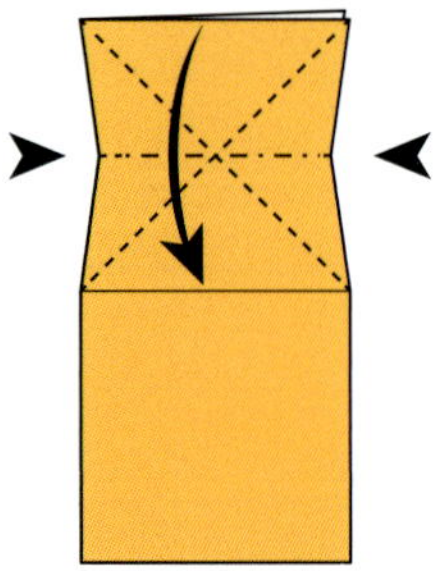

6. Falte die Oberkante nach unten auf die Mittelfaltlinie und drücke dabei gleichzeitig die Seiten nach innen.

7. Dein Modell sollte nun so aussehen, wie hier gezeigt. Glätte die Faltungen.

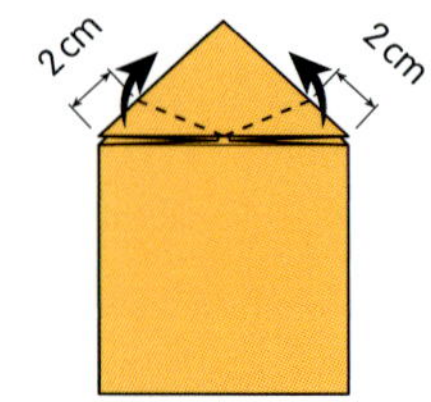

8. Falte die linke und rechte Spitze des vorderen Dreiecks nach oben. Das sind die Vorderbeine deines Froschs.

9. Falte die Unterkante deines Modells auf die Unterkante des großen Dreiecks.

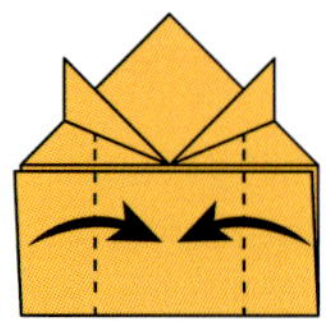

10. Falte die linke und rechte Außenkante jeweils zur Mitte und unter die Vorderbeine.

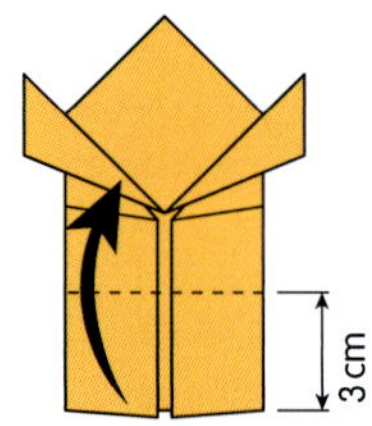

11. Falte die Unterkante, wie hier gezeigt, nach oben.

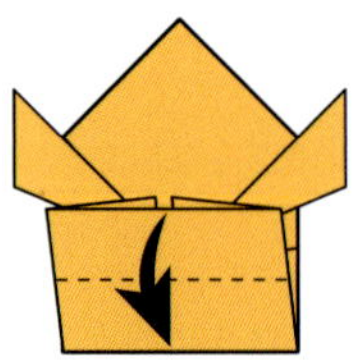

12. Dein Modell sollte nun so aussehen, wie hier gezeigt. Glätte die Faltungen und falte die Oberkante auf die Unterkante.

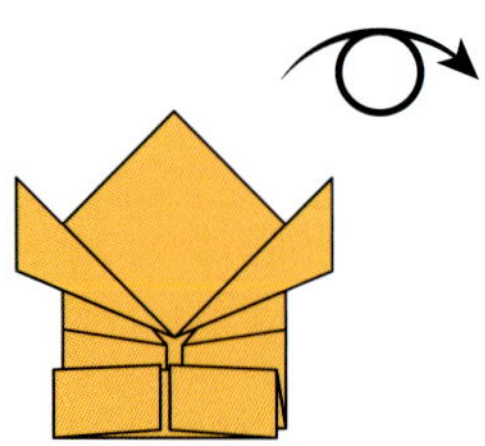

13. Glätte die Faltungen und wende anschließend deinen Frosch.

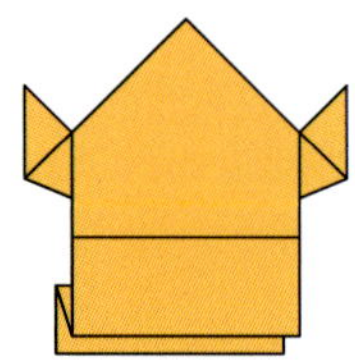

14. Gesichtlein aufmalen, Wackelaugen aufkleben – fertig!

SÜSSE-MÄUSE-CHEESECAKE

HIER GEHT'S
ZUM REZEPT

SO EINFACH GEHT'S

DU BENÖTIGST:

- 200 g Löffelbiskuit
- 150 g Butter
- 500 g Magerquark
- 1 Pck. Vanillepuddingpulver
- 1 Pck. Zitronenschalen-Abrieb
- 2 Pck. **HARIBO Süße Mäuse**
- 100 ml Milch
- 200 g süße Sahne
- 1 Pck. Vanillezucker
- 6 Blatt weiße Gelatine
- Springform, Ø 26 cm
- Öl für die Springform

SO GEHT'S

1. Als Erstes den Formenrand der runden Springform mit Öl einfetten und den Boden mit Backpapier auslegen. Beiseitestellen.

2. Die Löffelbiskuit-Kekse in einem Gefrierbeutel mit einem Nudelholz fein zerbröseln. Danach die Butter in einem Topf auf dem Herd auf kleinster Stufe erwärmen, bis sie vollkommen zerlassen ist. Die flüssige Butter dann den Biskuitbröseln zugeben und zu einer schönen Masse vermengen.

3. Die Biskuit-Butter-Masse vorsichtig in die Springform füllen, gleichmäßig verteilen und mit der Handfläche auf dem Boden festdrücken. Die Springform dann für ca. 30 Minuten in den Kühlschrank stellen und den Keksboden schön fest werden lassen.

4. In einer Rührschüssel kommen dann der Magerquark, das Puddingpulver und die geriebene Zitronenschale zusammen und werden mit dem Handrührgerät auf höchster Stufe zu einer glatten und homogenen Masse verrührt.

5. 250 g HARIBO Süße Mäuse in Rosa mit der Milch in einem Topf auf kleinster Stufe erhitzen und langsam zum Schmelzen bringen. Die restlichen Mäuse zur Seite legen und hinterher zum Dekorieren verwenden. Mit einem Schneebesen immer mal wieder umrühren, damit sie nicht anbrennen. Wenn sich alle Mäuse schön aufgelöst haben, kurz abkühlen lassen.

6. Währenddessen die Sahne zusammen mit dem Vanillezucker mit dem Handrührgerät steif schlagen. Danach die Milch-Mäuse-Mischung zu der Cheesecake-Creme geben, alles verrühren und die steif geschlagene Sahne vorsichtig unterheben.

7. Die Gelatineblätter 5 Minuten in eine Schüssel mit kaltem Wasser legen, ausdrücken und in einem Topf auf kleinster Stufe erhitzen, bis die Gelatine sich verflüssigt hat. Die flüssige Gelatine langsam unter die Cheesecake-Creme rühren.

8. Jetzt schnell die Creme in die vorbereitete Springform aus dem Kühlschrank füllen, gleichmäßig verteilen, glatt streichen und wieder in den Kühlschrank stellen. Für ca. 3 Stunden kalt stellen, damit die Cheesecake-Creme schön fest werden kann.

9. Wenn der Cheesecake dann fest geworden ist, vorsichtig den Springformrand lösen und den Kuchen auf einen Kuchenteller oder eine Platte stellen und mit dem Rest HARIBO Süße Mäuse dekorieren.

BÄRCHEN-PÄRCHEN-GASTGESCHENK

Hast du Freunde zu Besuch? Dann serviere den Cheesecake doch mit diesem kleinen Gastgeschenk. Die Bastelvorlage findest du auf www.emf-verlag.de/haribo-backbuch

HARIBO-VALENTINSHERZ

SO EINFACH GEHT'S

DU BENÖTIGST:

Für den Teig

- 230 g Mehl
- 1 Pck. Backpulver
- 150 g Zucker
- 1 Prise Salz
- 180 ml neutrales Speiseöl
- 100 ml Saft und 1 EL Abrieb von 2 Bio-Zitronen
- 4 Eier
- Herzförmige Backform

Für die Deko

- 150 g Puderzucker
- Zitronensaft
- Rosa Lebensmittelfarbgel
- **HARIBO Liebesherzen, Starmix, Berries**

SO GEHT'S

1. Den Backofen auf 180 °C Ober-/Unterhitze vorheizen. Herzbackform mit Backpapier auslegen.

2. Die trockenen Zutaten für den Teig, also Mehl, Backpulver, Zucker und Salz, mischen. Öl, Zitronensaft und -abrieb sowie die Eier dazugeben und etwa 2 Minuten aufschlagen. Teig in die Form füllen und im vorgeheizten Backofen etwa 30 Minuten backen. Stäbchenprobe nicht vergessen.

3. Kuchen aus der Form lösen und auf einem Kuchengitter abkühlen lassen.

4. Puderzucker und Zitronensaft zu einem dickflüssigen Guss verrühren, rosa färben und über den Kuchen geben. Mit HARIBO Liebesherzen, Starmix und Berries verzieren.

TIPP

Im Mai ist Muttertag! Diesen Kuchen kannst du natürlich auch ganz wunderbar für deine Mama backen!

Ich mag dich!
Du bist toll!
HURRA!
Du bist cool!

GUTE-LAUNE-STICKS

SO EINFACH GEHT'S

DU BENÖTIGST:

- Holzspieße
- zum Aufspießen: z. B. **HARIBO Happy Cherries, Bunte Schnecken, Color-Rado, Goldbären**

Außerdem

- schwarzer Fineliner
- Papier
- Schere
- Bastelkleber

SO GEHT'S

1. Zuerst Spieße und Süßigkeiten bereitstellen. Sammle motivierende Sprüche und schreibe sie untereinander auf Papier.

2. Jetzt kannst du die verschiedenen HARIBO-Produkte im Wechsel auf einen Holzspieß stecken. An der Spitze ca. 2–3 cm frei lassen. Lass deiner Fantasie freien Lauf!

3. Die Sprüche schneidest du mit einer Schere vorsichtig in schmale Streifen.

4. Klebe die Streifen mit einem kleinen Tropfen Klebstoff oben um den Spieß auf. Das freie Ende kannst du, nach Belieben, zu einem Fähnchen zurechtschneiden.

DIY-OSTER-GESCHENKGLÄSER

SO EINFACH GEHT'S

DU BENÖTIGST:

- Papier
- Stift
- Schere
- Klebefolie (z. B. Bucheinbandfolie oder Tafelfolie)
- 2 Schraubgläser
- einige Zeitungsseiten
- farbigen Sprühlack (z. B. in Pastellfarben)
- zum Befüllen: z. B. **HARIBO Perl-Eier, Mini-Chamallows**
- 2 Servietten mit Frühlingsmuster
- Kordel/wahlweise Band

SO GEHT'S

1. Auf das Papier ein Wunschmotiv, z. B. einen Hasen oder eine Möhre, zeichnen. Alternativ kann auch eine passende Vorlage aus dem Internet ausgedruckt werden.

2. Das Motiv ausschneiden und auf die Klebefolie legen, nachzeichnen und erneut ausschneiden. Die Folie mit dem Motiv mittig auf die Schraubgläser kleben.

3. Die Gläser im Freien auf eine Zeitungsunterlage stellen und mit dem Sprühlack in der Wunschfarbe besprühen und vollständig trocknen lassen. Halte dabei etwa 30 cm Abstand zu den Gläsern.

4. Anschließend die Klebefolie von den Gläsern abziehen. Beide Schraubgläser mit deinen Lieblings-HARIBO-Produkten befüllen.

5. Jeweils eine Serviette auf den Deckel legen und mit einer Kordel festbinden.

LUSTIGE OSTER-CUPCAKES

SO EINFACH GEHT'S

DU BENÖTIGST:

Für den Teig

- 120 g weiche Butter
- 120 g Zucker
- 1 Prise Salz
- 1 TL Vanillepaste
- 2 Eier
- 180 g Mehl
- 1,5 TL Backpulver
- 120 ml Milch

Für das Frosting

- 70 g weiche Butter
- 60 g Puderzucker
- 150 g Mascarpone
- 150 g Frischkäse
- 1 TL Zitronensaft

Für je 4 Hasen-Cupcakes

- rosa Lebensmittelfarbgel
- 50 g Kokosraspel
- **HARIBO Chamallows**
- rosa Glitzerzucker
- **HARIBO Mini Color-Rado,** für die Mini-Nasen

Für je 4 Schäfchen

- **HARIBO Mini-Chamallows**
- 80 g Marzipan
- Zuckeraugen
- Zahnstocher oder rohe Spaghetti

Für je 4 Osternester

- **HARIBO Spaghetti Apfel,** 16 Stk., **Baiser Eier, Perl-Eier**

Außerdem

- Muffinblech
- Papierförmchen

SO GEHT'S

1. Den Backofen auf 180 °C Ober-/Unterhitze vorheizen. Muffinblech mit Papierförmchen auslegen.

2. Butter, Zucker und Salz hell aufschlagen. Vanillepaste unterrühren. Eier nacheinander für je 30 Sekunden unterschlagen. Mehl und Backpulver mischen und zusammen mit der Milch unter die Butter-Ei-Masse rühren.

3. Teig auf die Förmchen verteilen. Idealerweise mit einem Eisportionierer.

4. Im vorgeheizten Backofen etwa 20 Minuten backen. Stäbchenprobe. Aus dem Ofen holen und auf einem Kuchengitter abkühlen lassen.

5. Für das Frosting Butter hell aufschlagen. Puderzucker sieben und löffelweise unterschlagen. Mascarpone unterrühren, Frischkäse und Zitronensaft kurz unterheben.

6. Das Frosting auf 8 Muffins kuppelförmig aufstreichen.

7. Für die Hasen-Cupcakes die restliche Creme rosa einfärben. Die übrigen Muffins damit bestreichen und in die Kokosraspel eintauchen. Nasen andrücken. Chamallows mit einer Schere diagonal halbieren. Innenseite sofort in Glitzerzucker wälzen und in die Creme stecken und eine Nase aus HARIBO Mini Color-Rado aufbringen.

8. Für die Schäfchen HARIBO Mini-Chamallows auf die 4 Cupcakes drücken. Marzipan weich kneten, vierteln und zu Schafsköpfen formen. Augen am Kopf andrücken und mit einer rohen Spaghetti oder Zahnstocher am Cupcake befestigen.

9. Für die Osternester je 4 grüne Spaghetti ineinanderdrehen und kreisförmig auf die Creme setzen, mit HARIBO Perl-Eiern und Baiser Eiern verzieren und sofort servieren.

Happy
Happy

PFIRSICH-BUTTERKEKS-KUCHEN

SO EINFACH GEHT'S

DU BENÖTIGST:

Für den Boden

- 5 Eier
- 180 g Zucker
- 1 Pck. Vanillezucker
- 300 g Mehl
- 1 Pck. Backpulver
- 100 ml Speiseöl
- 160 ml Orangen-limonade

Für die Creme

- 2 Pck. Vanille-pudding
- 900 ml Milch
- 60 g Zucker
- 100 g **HARIBO Pfirsiche**
- 20 ml Wasser
- 2 kleine Dosen Mandarin-Orangen (Abtropfgewicht 175 g)
- 350 g Sahne
- 2 Pck. Sahnesteif

Für die Deko

- 150 g Puderzucker
- 3 EL Milch
- mind. 36 Butter-kekse
- **HARIBO Mini Color-Rado, Blumenzauber**

Außerdem

- eckiger Torten-rahmen
- Pinsel

SO GEHT'S

1. Vanillepudding nach Packungsanleitung, allerdings nur mit 900 ml Milch und 60 g Zucker, herstellen. Mit Frischhaltefolie direkt auf dem Pudding abdecken und abkühlen lassen.

2. Den Backofen auf 180 °C Ober-/Unterhitze vorheizen. Backblech mit Backpapier auslegen.

3. Eier, Zucker und Vanillezucker cremig schlagen. Mehl und Backpulver mischen und im Wechsel mit dem Öl und der Limonade unterrühren. Teig auf das Backblech geben und glatt streichen.

4. Im vorgeheizten Backofen etwa 20 Minuten goldgelb backen. Stäbchenprobe nicht vergessen. Aus dem Ofen holen und auf einem Kuchengitter abkühlen lassen. Aus der Form nehmen, Backpapier abziehen. Auf eine Kuchenplatte setzen und mit einem Tortenrahmen umschließen.

5. HARIBO Pfirsiche mit Wasser vorsichtig in einem Topf erhitzen und auflösen (oder etwa 1 Minute bei 600 Watt in der Mikrowelle). Abkühlen lassen. Mandarin-Orangen abtropfen lassen.

6. Pudding mit dem Schneebesen eines Handrührgerätes cremig schlagen, aufgelöste Pfirsiche unterrühren. Sahne steif schlagen. Sahnesteif dabei einrieseln lassen und unter den Pudding heben.

7. Mandarin-Orangen auf dem Kuchenboden verteilen. Pudding darübergeben und glatt streichen. Im Kühlschrank etwa vier Stunden fest werden lassen. Währenddessen aus Puderzucker und Milch einen zähflüssigen Guss herstellen. Butterkekse nacheinander mit einem Pinsel bestreichen und sofort mit HARIBO-Produkten verzieren. Trocknen lassen und etwa 2 Stunden vor dem Servieren auf den Kuchen setzen.

OSTERN

ÜBERRASCHUNGS-BOMBEN

SO EINFACH GEHT'S

DU BENÖTIGST:

- 1 leere Küchen- oder Toilettenpapierrolle
- Tonzeichen- oder Geschenkpapier, z. B. in der Farbe Lila, 15,1 x 29,7 cm
- Zum Befüllen: z. B. **HARIBO Ostermix, HARIBO Starmix,** Konfetti, kleine Geschenke
- 2 Stücke Satinband, z. B. in der Farbe Gelb, 3 mm breit, je 30 cm lang
- Schere

SO GEHT'S

1. Umwickle die Papierrolle mit dem Tonzeichen- oder Geschenkpapier, lass dabei die Enden an beiden Seiten etwa 10 cm überstehen. Schließe nun ein offenes Ende mit einem Satinband – am besten mit einem doppelten Knoten und einer Schleife. So kannst du die Rolle besser befüllen.

2. Fülle die Rolle nun mit deinen liebsten HARIBO-Produkten, Konfetti und kleinen Geschenken.

3. Zum Schluss lege noch ein Satinband um die Öffnung, ziehe diese fest an und verschließe die Rolle mit einem doppelten Knoten und einer Schleife nun vollständig.

PICO-BALLA-TORTE

SO EINFACH GEHT'S

DU BENÖTIGST:

Für die Böden

- 100 g Butter
- 6 Eier
- 1 Prise Salz
- 180 g Zucker
- 160 g Mehl
- 40 g Speisestärke
- 2 TL Backpulver
- Abrieb von 1 Bio-Zitrone
- Saft von ½ Zitrone

Für die Creme

- 200 g Sahne
- 3 TL San-apart
- 200 g Frischkäse
- 1 EL Zitronensaft
- 2 Pck. Vanillezucker
- 2 Pck. **HARIBO Pico-Balla**

Für das Frosting

- 100 g Sahne
- 200 g Mascarpone
- 3 EL Puderzucker
- 200 g Frischkäse
- 1 Pck. **HARIBO Pico-Balla**

Außerdem

- 2 Springformen, Ø 16 cm

SO GEHT'S

1. Den Backofen auf 180 °C Ober-/Unterhitze vorheizen. Die beiden Springformen am Boden mit Backpapier auslegen, einfach festklemmen.

2. Die Butter langsam schmelzen und beiseitestellen.

3. Die ganzen Eier mit einer Prise Salz etwa 5 Minuten steif schlagen. Dann den Zucker langsam einrieseln lassen und weitere 5 Minuten steif schlagen. Mehl, Speisestärke und Backpulver mischen und vorsichtig unterheben. Dann den Zitronenabrieb unterrühren.

4. Die nicht mehr heiße Butter dazugeben und einrühren. Den Teig auf 2 Springformen verteilen und im vorgeheizten Backofen etwa 40 Minuten goldgelb backen. Stäbchenprobe nicht vergessen. Aus der Form lösen und auf einem Kuchengitter auskühlen lassen.

5. Die Böden je zweimal waagerecht durchschneiden und mit Zitronensaft tränken.

6. Jeweils den unteren Boden beiseitelegen. Bei den restlichen Böden die Mitte mit einem Kreisausstecher oder Glas herausnehmen und anderweitig verwenden (z. B. für Cake Pops).

7. Für die Creme Sahne mit 1 TL San-apart steif schlagen. Frischkäse mit Zitronensaft und Vanillezucker glatt rühren. Restliches San-apart unterrühren und Sahne unterheben.

8. Ersten ganzen Tortenboden auf eine Kuchenplatte setzen und mit einem Tortenring umschließen. Ein Fünftel der Creme auf den Boden streichen. Zweiten Boden auflegen. Ein weiteres Fünftel der Creme auf den Boden streichen. Vorgang bis zum letzten Boden wiederholen. Bevor der letzte ganze Boden aufgelegt wird, wird HARIBO Pico-Balla in die Mitte gefüllt. Boden mit Creme bestreichen und den letzten Boden auflegen. Mit Frischhaltefolie abdecken und mind. 4 Stunden im Kühlschrank ruhen lassen.

9. Für das Frosting Sahne steif schlagen. Mascarpone und Puderzucker glatt rühren. Frischkäse unterrühren. Sahne unterheben. Torte vorsichtig aus der Form lösen und dünn mit dem Frosting ummanteln. ½ Stunde kühlen. Danach noch einmal komplett einstreichen. Mit HARIBO Pico-Balla dekorieren.

FRÜHLING IM GLAS

SO EINFACH GEHT'S

DU BENÖTIGST:

Für 6 kleine Flaschen

- 2 Bananen
- 300 g TK-Himbeeren
- 500 ml Mandel-Vanille-Milch
- 2 Spritzer Zitronensaft
- Honig zum Süßen (optional)

Für die Deko

- 30 g weiße Schokolade
- **HARIBO Saft-Goldbären**

SO GEHT'S

1. Schokolade hacken und über einem heißen Wasserbad schmelzen, etwas abkühlen lassen. HARIBO Saft-Goldbären leicht mit Schokolade bestreichen und an die Flaschen drücken.

2. Bananen schälen, in Stücke schneiden und zusammen mit Himbeeren, Mandel-Vanille-Milch und Zitronensaft pürieren. Ggf. mit Honig süßen. In Flaschen füllen und sofort servieren.

TIPP

Du möchtest die Saftgläser noch etwas dekorieren? Dann schau doch mal auf S. 93, dort findest du die Bastelvorlage für die bunten Deckel.

HARIBO

SOMMER, SONNE, SONNENSCHEIN

PHANTASIA-CUPCAKES

SO EINFACH GEHT'S

DU BENÖTIGST:

Für die Cupcakes

- 120 g weiche Butter
- 1 Prise Salz
- 1 Pck. Vanillezucker
- 120 g Zucker
- 2 Eier
- 125 g Mehl
- 1 TL Backpulver
- 4 EL Maracuja-Nektar
- grünes Lebensmittelfarbgel

Für die Deko

- 100 g weiße Schokolade
- HARIBO Phantasia
- Zuckerkonfetti

Außerdem

- Muffinblech
- Papierförmchen

SO GEHT'S

1. Den Backofen auf 180 °C Ober-/Unterhitze vorheizen. Muffinblech mit Papierförmchen auslegen.

2. Butter, Salz, Vanillezucker und Zucker hell aufschlagen. Eier nacheinander für je 30 Sekunden unterschlagen. Mehl und Backpulver mischen und zusammen mit dem Maracuja-Nektar unter die Butter-Ei-Masse rühren. Teig nach Belieben einfärben.

3. Teig auf die Förmchen verteilen. Idealerweise mit einem Eisportionierer.

4. Im vorgeheizten Backofen etwa 20 Minuten backen. Aus dem Ofen holen und auf einem Kuchengitter abkühlen lassen.

5. Weiße Schokolade hacken und über einem heißen Wasserbad schmelzen. Die abgekühlten Muffins kopfüber hineintunken und mit HARIBO Phantasia und Zuckerkonfetti dekorieren.

DREIERLEI FRUCHTIGE LASSI

SO EINFACH GEHT'S

DU BENÖTIGST:

Für den Zuckerrand

- 50 g weiße Schokolade
- 100 g bunte Zuckerperlen

Für den Mango-Lassi

- 1 reife Mango
- 150 g griechischer Joghurt
- 1 Prise Zimt
- Rohrohrzucker (optional)
- Crushed Ice

Für den Apfel-Lassi

- 1 grüner Apfel (z. B. Granny Smith)
- 2 Handvoll Baby-Spinat
- 2 TL Zitronensaft
- 150 g griechischer Joghurt
- 2 TL Rohrohrzucker (optional)
- Crushed Ice
- **Für den Erdbeer-Lassi**
- 250 g Erdbeeren
- 150 g griechischer Joghurt
- 2–3 TL Rohrohrzucker (optional)
- 1 TL Zitronensaft
- Crushed Ice

Außerdem

- Hochleistungsmixer
- **HARIBO Tropifrutti, Happy Cherries, Berries, Pfirsiche**
- Zahnstocher

SO GEHT'S

1. Für den bunten Zuckerrand die weiße Schokolade über heißem Wasserbad schmelzen. Gekühlte Gläser hineindrücken und sofort in Zuckerperlen tauchen. Trocknen lassen.

2. Für den Mango-Lassi die Mango waschen, trocknen, schälen und das Fruchtfleisch vom Stein schneiden. Das Fruchtfleisch zusammen mit Joghurt und Zimt fein pürieren. Mit Rohrohrzucker nach Belieben abschmecken. Den Lassi in zwei kleine Gläser füllen, mit Crushed Ice auffüllen und nach Belieben dekorieren.

3. Für den Apfel-Lassi den Apfel waschen, halbieren, entkernen und in grobe Würfel schneiden. Apfelwürfel, Spinat, Zitronensaft und Joghurt fein pürieren und nach Bedarf mit Rohrohrzucker abschmecken. Den Lassi in zwei kleine Gläser füllen, mit Crushed Ice auffüllen und nach Belieben dekorieren.

4. Für den Erdbeer-Lassi die Erdbeeren waschen und verlesen. Zusammen mit Joghurt, Rohrohrzucker (nach Belieben) und Zitronensaft fein pürieren. Den Lassi in zwei kleine Gläser füllen, mit Crushed Ice auffüllen und für die Dekoration HARIBO Tropifrutti, Happy Cherries, Berries und Pfirsiche auf einen Zahnstocher spießen und über die Gläser legen.

COLA-BROWNIE-POPS

SO EINFACH GEHT'S → 2 von 3

DU BENÖTIGST:

Für den Teig

- 100 g weiche Butter
- 1 Prise Salz
- 140 g Zucker
- 1 Ei
- 1 TL Vanillepaste
- 150 g Mehl
- 1 TL Backpulver
- 1 TL Natron
- 40 g Kakao
- 200 ml Cola

Außerdem

- 100 g Frischkäse
- 150 g Zartbitterschokolade
- 1 TL Kokosöl
- 16 Mini-Waffelbecher
- Zuckerperlen
- **HARIBO Happy Cola**
- kleines tiefes Backblech, 20 x 25 cm
- (Pralinen-)Gabel

SO GEHT'S

1. Den Backofen auf 180 °C Ober-/Unterhitze vorheizen. Backblech mit Backpapier auslegen.

2. Butter, Salz und Zucker hell aufschlagen. Ei für mindestens 30 Sekunden unterschlagen. Vanillepaste unterrühren. Mehl, Backpulver, Natron und Kakao mischen und zusammen mit der Cola unterrühren.

3. Teig auf dem Blech verteilen. Im vorgeheizten Backofen etwa 20 Minuten backen. Stäbchenprobe machen. Aus dem Ofen holen, aus der Form lösen und auf einem Kuchengitter abkühlen lassen.

4. Abgekühlten Teig fein zerbröseln. Mit Frischkäse verkneten, bis sich die Masse gut rollen lässt. Jeweils etwa 40 g Masse abstechen und zu Kugeln formen. Ca. 30 Minuten kühlen.

5. Währenddessen Schokolade hacken und über heißem Wasserbad schmelzen. Kokosöl unterrühren.

6. Waffelbecher mit HARIBO Happy Cola füllen.

7. Browniekugeln mithilfe einer (Pralinen-)Gabel in die Schokolade tauchen, etwas abtropfen lassen und auf die Waffelbecher setzen. Mit Zuckerperlen bestreuen und mit HARIBO Happy Cola verzieren. Fest werden lassen und servieren.

COOLE KICKER-TORTE

SO EINFACH GEHT'S

DU BENÖTIGST:

Für den Vanilleteig

- 6 Eier
- 150 g Zucker
- 2 Pck. Vanillezucker
- 1 EL Vanilleextrakt
- 190 g Mehl

Für den Schokoteig

- 6 Eier
- 150 g Zucker
- 150 g Mehl
- 30 g Kakaopulver

Für die Buttercreme

- 400 g Butter
- 200 g gezuckerte Kondensmilch
- 2–3 EL Kokosmilch
- 50 g Kokosraspel
- grüne Lebensmittelfarbe

Für die Deko

- **HARIBO Goldbären**
- 50 g Kokosraspeln
- grünes Lebensmittelfarbgel
- **HARIBO Pasta Basta Apfel**
- 50 g Fondant
- Lebensmittelstift (schwarz)
- Kleines Backblech (30 x 40 cm)

SO GEHT'S

1. Für den Vanilleteig die Eier mit dem Zucker und Vanillezucker schaumig schlagen. Vanilleextrakt unterrühren. Das Mehl nach und nach unterheben. In ein mit Backpapier ausgelegtes eckiges Backblech füllen und bei 180 °C Ober-/Unterhitze für ca. 15 Minuten backen. Stäbchenprobe machen.

2. Für den Schokoteig ebenfalls Eier und Zucker verrühren und die Mischung aus Mehl und Kakaopulver einrühren. Sobald der Backofen frei ist, kommt auch der Schokoteig für 15 Minuten hinein.

3. Beide Kuchenschichten auskühlen lassen und die Creme zubereiten. Dazu die Butter aufschlagen, Kondens- und Kokosmilch langsam unterrühren und die Kokosraspel sowie die Lebensmittelfarbe hineingeben. Kurz kühl stellen.

4. Schokokuchen platzieren, die Kokos-Buttercreme auftragen und Goldbären darauf verteilen.

5. Vanillekuchen draufsetzen und mit der restlichen Kokos-Buttercreme einstreichen.

6. Kokosraspel mit Lebensmittelfarbe färben. Grüne Kokosraspel an der Seite des Kuchens anbringen. HARIBO Pasta Basta Apfel als Gras aufs Spielfeld legen und Spielfeldmarkierungen aus Fondant aufbringen.

7. Fondant-Ball rollen und schwarze Flecken mit Lebensmittelstift aufmalen. Goldbären als Spieler mit etwas Wasser anfeuchten und aufs Spielfeld stellen.

TIPP

Olé, olé! Bereit für die Fußball-Party?
Dann bastel dir noch eine coole Goldbären-Wimpelkette!
Die Vorlage und Anleitung gibt's auf S. 94/95.

FUSSBALL- & PICO-BALLA-KEKSE

SO EINFACH GEHT'S

DU BENÖTIGST:

Für 20 Kekse

- 250 g Mehl
- 110 g Puderzucker
- 1 Prise Salz
- 1 Ei
- 125 g weiche Butter
- feiner Abrieb von ½ Bio-Zitrone

Für die Glasur

- 2 Eiweiß
- 400 g Puderzucker, gesiebt
- 4–5 TL Zitronensaft
- Lebensmittelfarbgel in Gelb, Orange, Blau, Grün, Rot und Rosa

Außerdem

- Kreisausstecher, Ø 7 cm
- 6 Spritzbeutel
- 6 Lochtüllen, Ø 4 mm
- schwarze Zuckerschrift

Für die Beilage

- 1 Pck. HARIBO Pico-Balla

SO GEHT'S

1. Mehl, Puderzucker und Salz in eine große Schlüssel sieben. Das Ei in eine Mulde geben und die Butter in Stücken auf die Mehlmischung setzen. Zitronenabrieb darüberstreuen.

2. Mit dem Knethaken der Küchenmaschine zu einem glatten Teig kneten und zu einem flachen Rechteck formen. In Frischhaltefolie wickeln und mindestens 1 Stunde gut durchkühlen lassen.

3. Den Backofen auf 180 °C Ober-/Unterhitze vorheizen. Den kalten Teig in 2 Teile teilen und nacheinander auf einer bemehlten Arbeitsfläche etwa 3 mm dick ausrollen. Plätzchen ausstechen.

4. Die Rohlinge auf ein mit Backpapier ausgelegtes Blech setzen und im vorgeheizten Ofen etwa 10–12 Minuten backen. Auf einem Kuchengitter abkühlen lassen.

5. Für die Glasur Eiweiß steifschlagen, Puderzucker nach und nach einrieseln lassen und steif schlagen. Zitronensaft dazugeben. Mit so viel Wasser verdünnen, bis eine zähflüssige Masse entstanden ist.

6. Hälfte des Eischnees in einen Spritzbeutel mit Lochtülle füllen. Rest gut abdecken. Die weiße Glasur kreisförmig auf 10 Kekse spritzen. Kleine Luftbläschen einfach mit einem Zahnstocher durchpiksen und über Nacht trocknen lassen.

7. Restliche Glasur auf 6 Schälchen verteilen und mit Lebensmittelfarbe einfärben. In einen Spritzbeutel mit Lochtüllen füllen und einen Kreis auf die Kekse spritzen. Antrocknen lassen und Halbkreise aufspritzen. Farblich an den HARIBO Pico-Balla orientieren. Trocknen lassen.

8. Auf die weißen Kekse mit schwarzer Zuckerschrift Sechsecke malen. Trocknen lassen. Die Kekse zusammen mit HARIBO Pico-Balla servieren.

BEEP
HAPPY

BUNTE GEO-SCHACHTELN

SO EINFACH GEHT'S

DU BENÖTIGST:

- festes Bastelpapier
- Schere
- Kleberoller
- zum Befüllen: z. B. **HARIBO Color-Rado**

SO GEHT'S

1. Lade dir die Vorlage für die Geo-Schachtel herunter, drucke diese auf festem Bastelpapier aus und schneide sie aus.
2. Schneide nun vorsichtig entlang der schwarz gepunkteten Linien.
3. Falte nun alle Linien der Dreiecke nach innen.
4. Trage auf das mit der Nummer 1 markierte Dreieck den Kleber auf und klebe das Dreieck daneben an die Fläche. Fahre so mit den Flächen 2–6 fort und lass alles gut trocknen.
5. Die fertige Schachtel mit deinen Lieblings-HARIBO-Produkten befüllen, fertig!

TIPP

Die Vorlage findest du online auf: https://www.emf-verlag.de/haribo-backbuch

TIPP

Die Vorlage und Anleitung für den lustigen Goldbär-Hampelmann findest du auf: https://www.emf-verlag.de/haribo-backbuch

HARIBO-CAKE-POPS

SO EINFACH GEHT'S

DU BENÖTIGST:

Für den Teig

- 250 g Butter
- 250 g Zucker
- 1 Pck. Vanillezucker
- 4 Eier
- 250 g Mehl
- 1 Pck. Backpulver
- gelbes Lebensmittelfarbgel
- 50 g Schokotropfen

Für die Creme

- 40 g Butter
- 50 g Puderzucker
- 60 g Frischkäse

Für die Deko

- HARIBO Mini Color-Rado, Viola
- 500 g weiße Schokolade, gelb gefärbt, oder gelbe Candy Melts
- Fondant in Schwarz, Weiß und Rot
- HARIBO Spaghetti
- schwarzer Lebensmittelstift
- grünes Satinband

SO GEHT'S

1. Für den Teig die Butter mit dem Zucker und Vanillezucker schaumig rühren. Die Eier nacheinander dazugeben und auf niedriger Stufe langsam vermengen. Das Backpulver mit dem Mehl mischen und in die Eiermischung sieben. Den Teig mithilfe von gelber Lebensmittelfarbe einfärben und in einer gefetteten Backform bei 180 °C Ober-/Unterhitze ca. 45 Minuten backen.

2. Für die Creme die Butter zusammen mit dem Puderzucker schaumig schlagen und den Frischkäse unterheben.

3. Der ausgekühlte Teig wird nun zerbröselt und mit der Creme zusammengeknetet. Es werden gleich große Portionen entnommen und zu Kugeln geformt.

4. Die Schokotropfen im Wasserbad schmelzen. Jetzt können die Cake-Pop-Stiele in etwas geschmolzene Schokolade getaucht und die Kugeln aufgespießt werden. Bevor es weitergehen kann, die Cake Pops kurz kühl stellen.

5. Mit der geschmolzenen Schokolade werden nun die Ohren aus HARIBO Viola und die Schnauze aus den in der HARIBO Mini Color-Rado befindlichen Schaumzucker-Produktstücken mit Brausefüllung auf der Cake Pop-Kugel platziert.

6. Die gelbe Schokolade kann jetzt erwärmt und die Cake Pops eingetaucht werden. Anschließend die Cake Pops gut abtropfen lassen und erneut kühl stellen.

7. Nun kann die Dekoration beginnen. Aus Fondant werden jetzt die Augen, der Mund und die Nase der HARIBO Goldbären modelliert und angeklebt.

8. Für die Schleife kannst du statt Satinband auch HARIBO Spaghetti in beliebiger Farbe auswählen.

9. Mit einem Lebensmittelstift die Augenbrauen und den Mund aufzeichnen und fertig sind die bezaubernd süßen HARIBO-Cake-Pops!

FRUCHTIG GEFÜLLTE ANANAS

SO EINFACH GEHT'S

DU BENÖTIGST:

Für 2 Schalen

- 1 Ananas
- ½ Kiwi
- 3 Erdbeeren
- ½ Drachenfrucht
- **HARIBO Happy Cherries, Primavera, Berries, Tropifrutti, Pfirsiche**

Außerdem

- 1 kleiner Kugelausstecher

SO GEHT'S

1. Die Ananas halbieren und das Innere aushöhlen. Das Fruchtfleisch in kleine Würfel schneiden und zurück in eine Ananashälfte geben.

2. Die Kiwi waschen, schälen, halbieren und anschließend in Scheiben schneiden.

3. Die Erdbeeren waschen und putzen. Dann halbieren.

4. Die Drachenfrucht halbieren und mit dem kleinen Kugelausstecher Kugeln aus dem Fruchtfleisch schneiden.

5. Alles in einer Hälfte der Ananas arrangieren. Die andere Hälfte mit den HARIBO-Produkten befüllen. Nach Belieben dekorieren und servieren.

A B C
BOO

BUNTE HERBSTTAGE

DIE VORLAGE FÜR DEN
GOLDIGEN GOLDBÄR-AUFSTELLER
FINDEST DU AUF WWW.EMF-
VERLAG.DE/HARIBO-BACKBUCH

LAKRITZ-BLUEBERRY-CHEESECAKE

SO EINFACH GEHT'S

DU BENÖTIGST:

Für den Teig

- 300 g Schokokekse
- 3 EL geschmolzene Butter
- 1 TL Anis

Für die Creme

- 200 g Blaubeeren
- 300 g Sahne
- 65 g San-apart (Sahnesteif mit Zucker)
- 350 g Mascarpone
- 500 g Speisequark
- 80 g Puderzucker
- lila Lebensmittelfarbgel

Für die Deko

- **HARIBO Lakritz Schnecken, Color-Rado, Berries**
- Blaubeeren
- Zuckerstreusel in Schwarz und Gold

Außerdem

- Springform, Ø 24 cm

SO GEHT'S

1. Für den Teig werden die Schokoladenkekse fein zerbröselt und mit der zerlassenen Butter und Anis vermischt. Die Masse auf dem Boden einer mit Backpapier ausgelegten Springform verteilen und gut festdrücken. Nun für 30 Minuten in den Kühlschrank stellen. In der Zwischenzeit die Blaubeeren verlesen, waschen und abtropfen lassen.

2. Für die Creme die Sahne mithilfe von San-apart steif schlagen. Mascarpone, Quark und Puderzucker werden kurz mit dem Mixer verrührt und auch diese Quarkmasse mit San-apart stabilisiert.

3. Jetzt kann die Sahne untergehoben werden, die Creme wird in zwei Teile geteilt. Zu der größeren Menge werden die Blaubeeren hinzugefügt. Nach Wunsch kann hier noch mit etwas Lebensmittelfarbe nachgefärbt werden.

4. Eine Springform wird an der Außenkante mit HARIBO Lakritz Schnecken ausgelegt. Dann kann die Blaubeer-Creme auf dem Keksboden verteilt werden. Mit der weißen Creme wird die Torte abgeschlossen. Im Kühlschrank mindestens 4 Stunden fest werden lassen. Vor dem Servieren aus der Form lösen und mit Blaubeeren, HARIBO Color-Rado, Berries und Zuckerstreuseln dekorieren.

BOO
BOO

GEISTER-SPIESSE MIT CHAMALLOWS

SO EINFACH GEHT'S

DU BENÖTIGST:

- **HARIBO Chamallows**
- schwarz-weiße Strohhalme
- schwarzer Lebensmittelfarbstift

SO GEHT'S

1. HARIBO Chamallows auf einen Strohhalm setzen.
2. Gruselige Gespenstergesichter mit dem Lebensmittelfarbstift aufmalen – alternativ kannst du auch schwarze Zuckerschrift verwenden.

TIPP

Statt Schokoguss kannst du auch einen Puderzuckerguss machen und diesen mit Lebensmittelfarbe orange einfärben. So sieht dein Kuchen wie ein richtiger Kürbis aus.

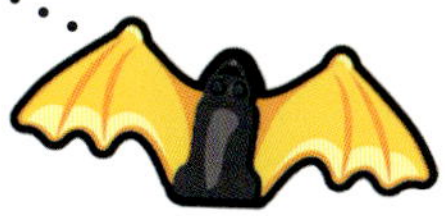

SAFTIGER KÜRBISKUCHEN

SO EINFACH GEHT'S

DU BENÖTIGST:

Für den Kuchen

- 800 g Hokkaido-Kürbis
- 250 g weiche Butter
- 250 g brauner Zucker
- 2 Pck. Vanillezucker
- 1 Prise Salz
- 6 Eier
- 50 g Zartbitterschokolade
- 500 g Mehl
- 1 Pck. Backpulver

Für die Deko

- 40 g Backkakao
- 120 g Puderzucker, gesiebt
- etwas Milch
- Zuckerstreusel
- HARIBO Mini Color-Rado, Vampire
- 5 Holzspieße

Außerdem

- 2 Gugelhupf-Backformen à 1,5 Liter

SO GEHT'S

1. Den Hokkaido-Kürbis vorsichtig aufschneiden und den Stiel beiseitelegen. Den Kürbis entkernen, Fasern herauskratzen, schälen und in grobe Stücke schneiden. Mit 100 ml Wasser in einem Topf zugedeckt etwa 10 Minuten weich kochen. Das Wasser abgießen und den Kürbis fein pürieren.

2. Den Backofen auf 180 °C Ober-/Unterhitze vorheizen. Die Gugelhupf-Backformen fetten und mit Mehl ausstäuben.

3. Butter, Zucker, Vanillezucker und Salz cremig schlagen. Anschließend die Eier einzeln unterschlagen.

4. Die Schokolade hacken und über einem heißen Wasserbad schmelzen. Etwas abkühlen lassen und unter die Eier-Butter-Masse rühren. Mehl und Backpulver mischen und im Wechsel mit dem Kürbispüree unterziehen.

5. Den Teig in 2 Gugelhupfformen füllen, leicht auf die Tischplatte klopfen, damit die Luftbläschen entweichen können, und im vorgeheizten Backofen etwa 40 Minuten fertig backen. Stäbchenprobe nicht vergessen. Die Formen für 5 Minuten auf einem Kuchengitter abkühlen lassen, dann stürzen und komplett auskühlen lassen.

6. Die Unterseiten der beiden Gugelhupfe etwas begradigen.

7. Aus Kakao, Puderzucker und Milch einen dickflüssigen Guss herstellen. Etwa die Hälfte auf den unteren, umgedrehten Gugelhupf streichen. Oberen Gugelhupf aufsetzen und Rest Guss über den Gugelhupf verteilen. Mit Zuckerstreusel und HARIBO Mini Color-Rado und HARIBO Vampiren dekorieren.

8. Die HARIBO Vampire auf die Holzspieße und anschließend in den Kürbisgugelhupf stecken.

WINTERZAUBER

HARIBO-LEBKUCHENHAUS

HIER GEHT'S ZUR ANLEITUNG

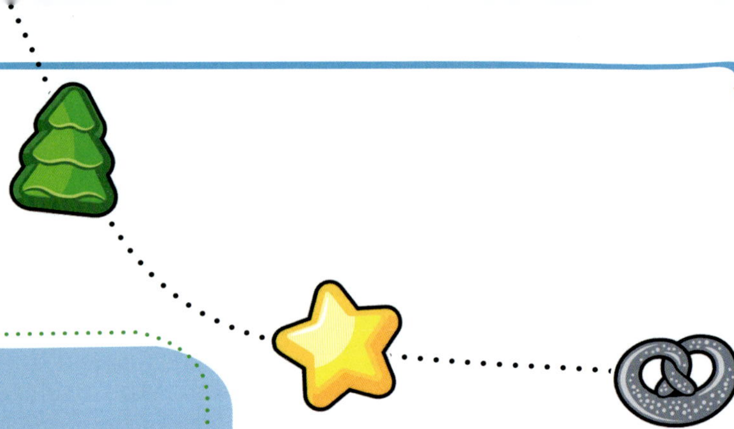

SO EINFACH GEHT'S

DU BENÖTIGST:

Für den Lebkuchenteig

- 60 g Butter
- 340 g Blütenhonig
- 140 g brauner Zucker
- 2 Eier
- 600 g Mehl
- 4 TL Backpulver
- 30 g Backkakao
- 2 Msp. Ingwerpulver
- 10 g Lebkuchengewürz

Für das Royal Icing

- 2 Eiweiß (Größe M)
- 400 g Puderzucker, gesiebt
- grünes Lebensmittelfarbgel

Für die Deko

- HARIBO Produkte wie z. B. **Frohe Weihnachten, Salzbrezeln, Goldbären, Konfekt, Saure Pommes, Pasta Basta Erdbeere**

Außerdem

- Vorlage Lebkuchenhaus
- 1 Spritzbeutel
- Lochtülle (Ø 4 mm)
- Backpapier
- Messer

SO GEHT'S

1. Den Lebkuchenteig am Vortag zubereiten: Butter, Honig und Zucker in einem Topf bei mittlerer Hitze und ständigem Rühren erhitzen, bis sich der Zucker aufgelöst hat. Den Topf vom Herd nehmen und die Masse in eine Schüssel füllen. Die Eier auf mittlerer Stufe unterrühren. In einer zweiten Schüssel Mehl, Backpulver, Kakao, Ingwerpulver und Lebkuchengewürz vermischen und unterheben. Den Lebkuchenteig, in Frischhaltefolie verpackt, im Kühlschrank lagern.

2. Den Teig 1 Stunde vor dem Backen bei Raumtemperatur lagern und noch mal durchkneten. Den Backofen auf 175 °C Ober-/Unterhitze vorheizen und zwei Backbleche mit Backpapier vorbereiten. Den Teig auf einer bemehlten Arbeitsfläche 5 mm dick ausrollen, die Formen ausschneiden und aufs Blech legen. Im heißen Ofen auf mittlerer Schiene nacheinander 12 Minuten backen. Auf dem Blech auskühlen lassen.

3. Für das Royal Icing die Eiweiße auf höchster Stufe steif schlagen und den Puderzucker bei mittlerer Stufe einrieseln lassen.

4. Die Seitenteile mit Royal Icing auf die Bodenplatte kleben. Dabei auch die Seitenteile damit festkleben. Bei Bedarf mit etwas Karton oder Zahnstochern ein wenig abstützen und etwa 1 Stunde antrocknen lassen. Dann die "Dachplatten" festkleben. Dafür mit Royal Icing ziegelartige Wellen auf das Dach spritzen. HARIBO Goldbären hineinkleben. HARIBO Salzbrezeln mit Roycal Icing vorne am Haus anbringen. Den Rest nach Belieben dekorieren.

NIKOLAUS-STIEFEL

SO GEHT'S

1. Mit dem Stoffstift auf die Innenseite des Baumwollstoffs einen Stiefel aufmalen. Diesen 1 cm außerhalb der Linie ausschneiden, hier wird später der Kleber aufgetragen. Ist der Stiefel ausgeschnitten, kann er als Vorlage für den zweiten verwendet werden. Dieser muss jedoch spiegelverkehrt zum ersten Stiefel sein.

2. Die beiden Stiefel so aufeinanderlegen, dass die schönen Seiten innen liegen, da der Stiefel nachher gewendet wird. Den Textilkleber sauber auf dem unten liegenden Stiefelstück am Rand auftragen, sodass die vorgezeichnete Linie, die man durch den Stoff sieht, nicht überschritten wird. Oben kommt kein Kleber hin, um den Stiefel noch befüllen zu können. Alles sehr gut trocknen lassen.

3. Für die Aufhängung drei jeweils 40 cm lange Wollfäden zurechtschneiden und oben zusammenknoten. Nun einen Zopf flechten, indem die äußeren Schnüre immer abwechselnd in die Mitte gelegt werden. Das Ende mit dem Anfang verknoten, sodass eine Schlaufe entsteht.

4. Aus dem Teddystoff ein Rechteck in der Größe 22 x 7 cm ausschneiden.

5. Der Stiefel sollte nun getrocknet sein. Dann den Stoff komplett durch das offene Loch umdrehen, sodass die schönen Seiten wieder außen sind. Oben in die Ecke wird die Schlaufe eingeklebt. Das hält noch besser, wenn sie mit ein paar Stichen festgenäht oder getackert wird.

6. Nun muss der Teddystoff nur noch oben an den Stiefel geklebt werden. Hierzu etwas mehr Kleber verwenden, weil der Stoff sonst nicht hält. Anschließend gut trocknen lassen. Jetzt muss der selbst gemachte Stiefel nur noch aufgehängt und befüllt werden! Vielleicht mit HARIBO Goldbären Minis?

SO EINFACH GEHT'S

DU BENÖTIGST:

- weihnachtlicher Baumwollstoff, z. B. in Rot mit Sternen, 2 Teile à 20 x 25 cm
- Stoffstift
- Stoffschere
- Textilkleber
- schwarze Wolle
- Teddystoff, etwa 25 x 10 cm
- dicke Nadel
- zum Befüllen: z. B. **HARIBO Goldbären Minis**

1

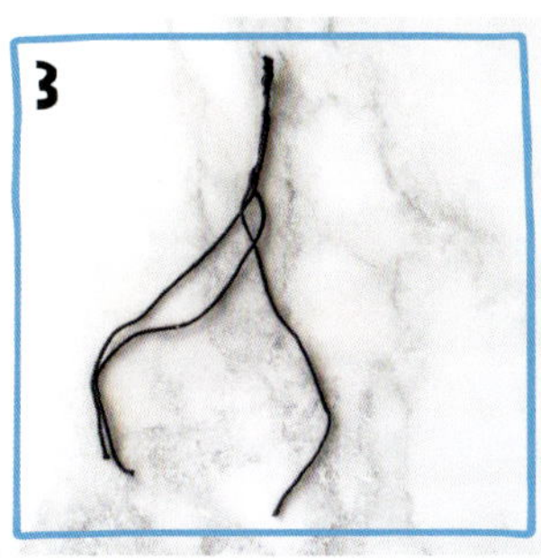
3

4

SPEKULATIUS-CHEESECAKE

SO EINFACH GEHT'S

DU BENÖTIGST:

Für den Boden

- 150 g Butterplätzchen
- 50 g Butter

Für die Creme

- 6 Blatt Gelatine
- 400 g griechischer Joghurt
- 200 g Frischkäse
- 4 EL Zucker
- 2 TL Spekulatiusgewürz
- 100 g Sahne

Für die Deko

- **HARIBO Sternen Zauber oder Frohe Weihnachten**

Außerdem

- Mixer
- Tortenring oder Springform, Ø 18 cm
- Spritzbeutel mit offener Sterntülle

SO GEHT'S

1. Die Butterplätzchen im Mixer zerkleinern. Die Butter schmelzen und mit den Plätzchen verkneten. Die Mischung als Boden in einen Tortenring drücken.

2. Gelatine in kaltem Wasser einweichen. Für die Creme Joghurt mit Frischkäse, Zucker und Spekulatiusgewürz cremig verrühren. Gelatine in einem kleinen Topf auflösen. 2 EL der Joghurtmasse untermischen. Dann ein Viertel der Creme langsam unterrühren. Mix zur restlichen Creme geben, gründlich unterziehen, in den Tortenring füllen und mindestens 6 Stunden, besser über Nacht, im Kühlschrank erstarren lassen.

3. Vor dem Servieren Sahne steif schlagen und in einen Spritzbeutel mit offener Sterntülle füllen. Torte mit Tupfer verzieren und nach Belieben mit Spekulatiusgewürz bestäuben und mit HARIBO Frohe Weihnachten oder Sternen Zauber dekorieren.

TIPP

Du möchtest auch eine schöne Goldbären-Girlande basteln? Dann schau doch mal auf S. 92 vorbei. Hier findest du die Vorlage.

GESCHENKE- UND DEKO-DIY

SO EINFACH GEHT'S

DU BENÖTIGST:

- 2 tiefe Bilderrahmen 25 x 25 cm
- Farbspray in Gold
- weißer Fotokarton für 2 Rahmen
- schwarzer Filzstift
- 3 Pck. **HARIBO Baiser Kugeln**
- Heißklebepistole
- kleine goldene Glitzersterne

Für die Goldbären-Girlande

- festes Bastelpapier
- Goldbären-Vorlage
- Schere
- Kleber
- Schnur zum Aufhängen

SO GEHT'S

1. Für die Weihnachtsbilder zunächst die Scheiben von Rahmen und Rückwand entfernen.

2. Die Rahmen auf Zeitungspapier legen, am besten draußen, und mit dem Farbspray ansprühen. Nicht zu stark, sonst entstehen Farbnasen. Etwa 30 Minuten antrocknen lassen und ein weiteres Mal übersprühen. Bei Bedarf wiederholen und gut trocknen lassen.

3. Währenddessen den Fotokarton passend zurecht schneiden. Dann mit dem Filzstift die Weihnachtskugel und den Tannenbaum aufmalen und die HARIBO Baiser Kugeln mit einer Heißklebepistole ankleben.

4. Mit Glitzersternchen dekorieren und gut trocknen lassen. Die Rahmen wieder zusammen bauen und an Lieblingsmenschen zu Weihnachten verschenken.

5. Für die Goldbären-Girlande die Vorlage auf festes Bastelpapier kopieren, ausdrucken und die Goldbären ausschneiden.

6. Die Goldbären in der gewünschten Reihenfolge mit der Vorderseite nach unten auf den Tisch legen und die Schnur am oberen Rand der Goldbären festkleben. Alles gut trocknen und schon ist die Goldbären-Girlande fertig!

SCHOKOKEKS-STICKS

SO EINFACH GEHT'S

DU BENÖTIGST:

Für 30 Stück

- 350 g Mehl
- 100 g Puderzucker
- 30 g Kakao
- 1 Prise Salz
- 1 Ei
- 200 g weiche Butter

Für die Deko

- 100 g weiße Schokolade
- 1 Beutel **HARIBO Mini Color-Rado**

Außerdem

- Rollholz
- Pizzaschneider

SO GEHT'S

1. Mehl, Puderzucker, Kakao und Salz in eine große Schlüssel sieben. Das Ei in eine Mulde geben und die Butter in Stücken auf die Mehlmischung setzen.

2. Mit dem Knethaken der Küchenmaschine zu einem glatten Teig kneten und zu einem flachen Rechteck formen. In Frischhaltefolie wickeln und mindestens 1 Stunde gut abkühlen lassen.

3. Den Backofen auf 180 °C Ober-/Unterhitze vorheizen. Den kalten Teig in 2 Teile teilen und nacheinander auf einer bemehlten Arbeitsfläche etwa 5 mm dick ausrollen. Mit dem Pizzaschneider Sticks (12 x 0,5 cm) schneiden.

4. Die Rohlinge auf ein mit Backpapier ausgelegtes Blech setzen und im vorgeheizten Backofen etwa 10–12 Minuten backen. Aus dem Ofen holen und auf einem Kuchengitter abkühlen lassen.

5. Schokolade hacken und über einem heißen Wasserbad schmelzen. Etwas abkühlen lassen. Sticks zu ⅓ hineintauchen, abtropfen lassen und mit HARIBO Mini Color-Rados dekorieren. Komplett trocknen lassen. Luftdicht verpacken oder direkt vernaschen.

SAURE UND SÜSSE TANNENBÄUME

SO EINFACH GEHT'S

DU BENÖTIGST:

- 2 Styroporkegel 25 cm hoch
- 2 Pck. **HARIBO Perl-Kugeln**
- **HARIBO Pasta Basta Apfel,** ca. 30 Stk.
- Zahnstocher oder dünne, rohe Spaghetti

Für die Deko

- **HARIBO Frohe Weihnachten, Sternen Zauber**

SO GEHT'S

1. Für Variante 1 die HARIBO Perl-Kugeln mithilfe von Zahnstochern oder dünnen, rohen Spaghetti dicht aneinander um den ersten Styroporkegel herum stecken. Dabei die Farbreihenfolge abwechseln, sodass ein schöner bunter Weihnachtsbaum entsteht.

2. Für die zweite Variante die HARIBO Pasta Basta Apfelstreifen einmal in der Mitte falten, sodass eine Schlaufe entsteht, und mit Zahnstochern von unten nach oben auf dem zweiten Kegel feststecken.

3. Wer möchte, kann die zweite Variante mithilfe von Zahnstochern oder dünnen Spaghetti mit HARIBO Sternen Zauber und HARIBO Frohe Weihnachten dekorieren.

VORLAGEN

GOLDBÄREN-GIRLANDE (S. 83)

TIPP

Die Vorlagen kannst du dir auf dein Lieblingspapier übertragen oder du druckst sie dir in beliebiger Anzahl aus. Alle Vorlagen findest du ebenfalls auf www.emf-verlag.de/haribo-backbuch

GETRÄNKESCHUTZDECKEL (S. 29)

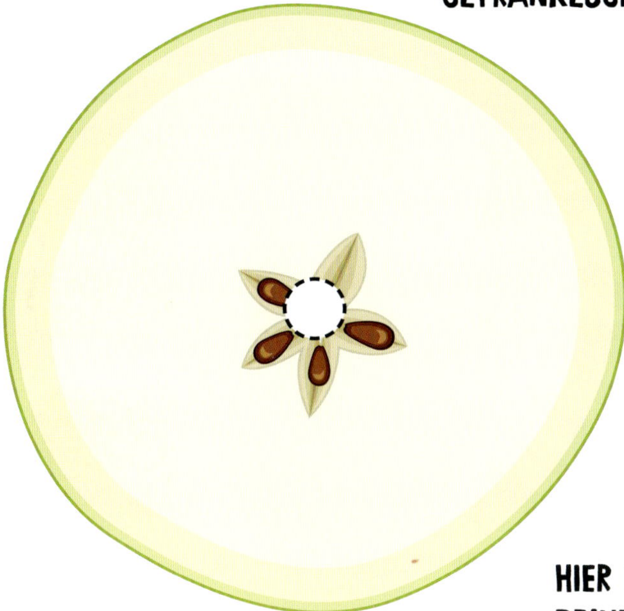

HIER KANNST DU
DEINEN EIGENEN
DECKEL GESTALTEN

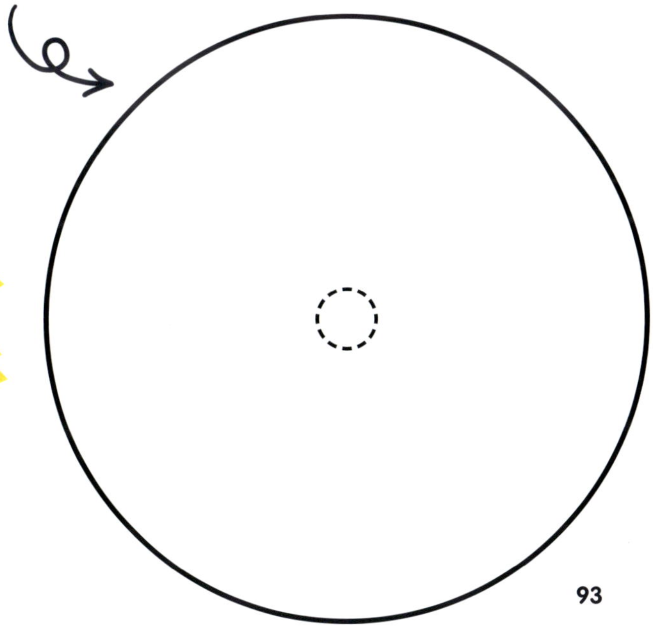

WIMPELKETTE (S. 40)

TIPP

Alle weiteren Bastelvorlagen findest du auf www.emf-verlag.de/haribo-backbuch

DU BENÖTIGST:

- 1 Farbdrucker
- Druckerpapier
- Schere
- Locher
- Schnur

SO GEHT'S

1. Die Vorlagen zu den Wimpeln in gewünschter Anzahl und Größe kopieren.

2. Die Wimpel ausschneiden und in den oberen Ecken der kurzen Seite lochen.

3. Eine entsprechend lange Schnur durch die Wimpel fädeln und die Wimpelkette in deiner Partylocation aufhängen.

NACHWORT

Mmh, ich kann den süßen Duft aus eurer Küche schon riechen! Scheint, als hättet ihr bärig viel Spaß beim Backen, Basteln und Feiern. Wie gerne würde ich eure kreativen Meisterwerke bewundern können. Teilen macht Freude, also:

Zeigt eure Meisterwerke ganz einfach auf Instagram (@haribo_deutschland) oder Facebook (@haribo) mit dem Hashtag #haribomachtfroh.

Ich freue mich total darauf!

Übrigens: Alle verwendeten Produkte findet ihr in unserem Online-Shop unter www.onlineshop.haribo.com

Viel Freude beim Feiern mit HARIBO

EUER GOLDBÄR

IMPRESSUM

© 2020 Edition Michael Fischer GmbH, Donnersbergerstraße 7, 86859 Igling

ISBN Handelsware Edition Michael Fischer GmbH: 978-3-96093-806-4

Covergestaltung und Layout: Celina Reiser

Satz: Anna Obermüller

Rezepte und Anleitungen: Emma Friedrichs, außer: Melanie Allhoff (S. 19), Cutter & Soul GmbH (S. 61), Stefanie Möller (S. 73, 78), Maria Panzer (S. 81), Thade Precht (S. 9, 10), Verena Woehlk Appel (S. 17, 25), HARIBO GmbH & Co. KG (S. 11, 38, 43, 45, 49, 63, 65)

Fotos: Emma Friedrichs

Vorlagen und Produktillustrationen: HARIBO GmbH & Co. KG, außer: © sasimoto/Shutterstock (Vorlage S. 93)

Produktmanagement: Anna Saebel

Lektorat: Asta Machat, München

Druck und Bindung: Polygraf Print, Čapajevova 44, 08001 Prešov, Slowakei

FSC®
www.fsc.org
MIX
Papier aus verantwortungsvollen Quellen
FSC® C145070

4001686 98279 2